BEI GRIN MACHT SICH IHR WISSEN BEZAHLT

- Wir veröffentlichen Ihre Hausarbeit,
  Bachelor- und Masterarbeit

- Ihr eigenes eBook und Buch -
  weltweit in allen wichtigen Shops

- Verdienen Sie an jedem Verkauf

Jetzt bei www.GRIN.com hochladen und kostenlos publizieren

Bibliografische Information der Deutschen Nationalbibliothek:

Die Deutsche Bibliothek verzeichnet diese Publikation in der Deutschen National-
bibliografie; detaillierte bibliografische Daten sind im Internet über http://dnb.d-
nb.de/ abrufbar.

Dieses Werk sowie alle darin enthaltenen einzelnen Beiträge und Abbildungen
sind urheberrechtlich geschützt. Jede Verwertung, die nicht ausdrücklich vom
Urheberrechtsschutz zugelassen ist, bedarf der vorherigen Zustimmung des Verla-
ges. Das gilt insbesondere für Vervielfältigungen, Bearbeitungen, Übersetzungen,
Mikroverfilmungen, Auswertungen durch Datenbanken und für die Einspeicherung
und Verarbeitung in elektronische Systeme. Alle Rechte, auch die des auszugsweisen
Nachdrucks, der fotomechanischen Wiedergabe (einschließlich Mikrokopie) sowie
der Auswertung durch Datenbanken oder ähnliche Einrichtungen, vorbehalten.

Impressum:

Copyright © 2011 GRIN Verlag, Open Publishing GmbH
Druck und Bindung: Books on Demand GmbH, Norderstedt Germany
ISBN: 978-3-668-18769-6

Elias Bern

Die Russische Jugendkultur. Sprache, Gruppenzugehörigkeit und Konflikte

GRIN Verlag

GRIN - Your knowledge has value

Der GRIN Verlag publiziert seit 1998 wissenschaftliche Arbeiten von Studenten, Hochschullehrern und anderen Akademikern als eBook und gedrucktes Buch. Die Verlagswebsite www.grin.com ist die ideale Plattform zur Veröffentlichung von Hausarbeiten, Abschlussarbeiten, wissenschaftlichen Aufsätzen, Dissertationen und Fachbüchern.

Besuchen Sie uns im Internet:

http://www.grin.com/

http://www.facebook.com/grincom

http://www.twitter.com/grin_com

Russische Jugendkultur?

Sprache, Gruppenzugehörigkeit, Konflikt

Elias Bern

Inhaltsverzeichnis

1. Sprache

× Vor dem zweiten Weltkrieg war Deutsch traditionell die Familiensprache und Russisch die Sprache der Öffentlichkeit.

× Vor der Ausreise sprachen die Großeltern überwiegend Deutsch und die Elterngeneration überwiegend Russisch

→ so dass die Kinder auf russischer Sprache aufwuchsen.

× Deutsch wurde zumeist im Fremdsprachenunterricht erworben.

× → Dieser U' war in der Regel durch die Verwendung veralteter Lehrmittel sowie einen akuten Lehrermangel gekennzeichnet.

× Überwiegend wurde Deutsch als Zweitsprachenerwerb nach der Einreise in Deutschland erworben.

Familiensprache jugendlicher Aussiedler

× Deutsche Familie
- × 52%= Deutsch/Russisch
- × 36%= Russisch
- × 12%= Deutsch

× Binationale Familie
- × 36,9%= Deutsch/Russisch
- × 60,9%= Russisch
- × 2,2%= Deutsch

× Die längere Aufenthaltsdauer in Deutschland hat zu einer Zweisprachigkeit in der familiären Kommunikation geführt.

× Für die Jugendlichen bedeutet dies, in keiner Sprache wirklich beheimatet zu sein, ‚ein Aspekt der auch Auswirkungen auf den persönlichen Identitätsbildungsprozess hat

× → „Sich als Deutscher zu fühlen, so legt das Essersche Integrationsmodel nahe, heißt immer auch, an der dt. Lebenswelt chancengleich partizipieren zu können."

(Vogelsang 2008)

- Im Alltagsleben orientieren sich die Jugendlichen in beiden Sprachen an Familienangehörigen.
- In der Mehrheitsgesellschaft kommunizieren sie auf Deutsch.
- Im Kontakt mit der innerethnischen Peer Group spielt die Zweisprachigkeit eine große Rolle.

- Bei den binationalen Familien (ein Elternteil deutscher Abstammung und ein Elternteil russisch)
  - ist Russisch die Verständigungssprache.
  - Durch den russischen Vater/Mutter entsteht eine große Bindung an das Herkunftsland.
  - Für diese Jugendlichen ist es schwer die abwertende Haltung der Aufnahmegesellschaft zu verstehen.

Schule

× Nach den KMK-Daten von 2000 stellen Kinder aus Aussiedlerfamilien mit rund 38% aller Kinder mit Migrationshintergrund die größte Zuwanderungsgruppe.

× Aussiedler Kinder besuchen überwiegend niedrigere Schulformen.

  × HS: = 28,5 % (10,3 % Einheimische)
  × RS: = 17,2 % (15,5 %)
  × GS: = 10,7 % (9,2 %)
  × GY: = 9,4 % (26,5 %)

→ Defizite in der Sprachkompetenz sind für Aussiedler ein anhaltendes Problem:

  × niedriger Bildungsabschluss
  × geringe Chancen auf Ausbildungsplätze
  × soziale Isolation
  × Arbeitslosigkeit

× Die zweite Generation der jungen Aussiedler, v.a. Aussiedlerinnen, haben festgestellt, dass Bildung der Weg für Anerkennung und die Positionierung von der Randgesellschaft in die Mitte der Gesellschaft ist.

→ Ihre gemeinsame Teilidentität ist die hohe Bildungsaspiration

2. Gruppenzugehörigkeit

× Der Bezug zur deutschen Identität spielte bei vielen(nicht allen) ausgereisten Jugendlichen im Herkunftsland eine untergeordnete Rolle und beeinflusste ihre Sozialisation nicht grundlegend.

× Das Bewusstsein, ein/e Deutsche/r oder zu sein, beschränkt sich auch auf die Kenntnisnahme der Herkunft der Familie.

- In Russland und in der Sowjetunion lebten sie in der Fremde – zurückgekehrt sind sie in die „Heimat" (Vogelsang 2008), die sich ihnen nun aber als fremd erweist.
- In Deutschland stellt sich nun die Frage nach der ethnischen Identität täglich neu, da sie, die als Deutsche nach Deutschland kamen, hier zu den Russen werden.

- Durch Negativzuschreibungen von Seiten der einheimischen Bevölkerung wird eine Selbst-positionierung der RD erheblich erschwert
- Bei vielen Aussiedlern lösen solche Etikettierungen einen neuen Prozess von Positionierung aus, welcher „Selbstethnisierung" genannt werden kann.
- „Dann bleiben wir eben unter uns"

(Sascha, Aussiedler 22)

× Die jungen Spätaussiedler erleben eine doppelte Unbestimmtheit:

I) Unbestimmtheit als jugendliche Migranten – die nicht als richtige Migranten angesehen werden, weil sie als Deutsche gekommen sind, hier aber als Russe bezeichnet werden.

II) ethnische Selbstverortung

× Ethnische Selbstverortung von Migranten in den Aufnahmegesellschaften erfolgt in verschiedenen Dimensionen:

× a) Multiple(mehrfache) Zuordnung

× b) Auswahl ethnischer Kontakte, Beziehungen, Partnerwahl

× c) Zuordnung zu einer Religionsgemeinschaft

- Die Frage zu welcher Gruppe man sich zugehörig fühlt, hängt von unterschiedlichen Faktoren ab:
  - Sprache (Bildung)
  - Aufnahme (Willkommen oder Nicht-Willkommen)
  - Soziale Gegebenheit (Wohnumfeld, Freunde, Arbeit)
  - Ethnische Selbstverortung

„Sie sind Deutsche und doch nicht Deutsche; sie sind Migranten und wollen doch keine sein; sie nennen sich selbst Russlanddeutsche und wollen nicht als Spätaussiedler bezeichnet werden; manche von ihnen werden mit einem abfälligen Unterton in der Stimme ‚Russen' genannt und haben doch aus Kirgisien oder Kasachstan kommend, Russland noch nie in ihrem Leben gesehen. Mittlerweile bezeichnen sich viele Angehörige der jüngeren Generation selbst als ‚Russen'."

(Schmidt-Bernhardt 2007)

× Die Rückkehr beinhaltet immer auch eine erneute Migration (Grinberg).

→vor allem wenn es sich um eine Rückkehr nach zweihundert Jahren dauert (umso größer ist nun die Fremdheit)

× Die Fremdheit führt bei einem Teil der Jugendlichen dazu:

  ×dass sie in erster Linie unter sich bleiben
  ×nur gering an den sozialen Aktivitäten der Einheimischen teilnehmen

„Und dann dieser Schock in einem ganz fremden Land, von dem wir aber so lange wie von einem Heimatland geträumt haben; in einem fremden Land mit einer fremden Sprache: die Fähigkeit sie zu sprechen haben wir schon lange verloren. Und diese Enttäuschung darüber, daß man hier gar nichts von uns weiß oder nichts wissen will."
(Russlanddeutsche Sozialpädagogin in Zdun 2007)

Konzept zum Verstehen der Identität: Großgruppenidentität nach Volkan (Schmidt-Bernhardt 2007)

„Eine ethnische Großgruppe entwickelt ihre Identität generationsübergreifend über Ereignisse und Personen, die in ihrer Geschichte eine besondere Rolle gespielt haben. [...] Sie entwickeln sich als geistige Repräsentanzen zu Großgruppenmerkmalen." (Feiertage etc.)

× Volkan bezeichnet sie als „gewählte Ruhmesblätter"

Die Kehrseite der gewählten Ruhmesblätter sind die gewählten Traumata

× In der Verarbeitung historischer Erfahrungen lassen sich auch Traumata bei den Spätaussiedlern entdecken.

→ Als Minderheitengruppe waren sie Opfer von Mehrheitsentscheidungen (z.B. Vertreibungen).

× Die Opferrolle ist ihnen zugeschrieben wurden.

× Konsequenz:

    ×a) Migranten besinnen sich in der Fremde stärker auf Rituale zurück als ihre Landsleute in der Heimat (Sitten und Bräuche, Religion).

    ×b) Unfähigkeit, ein Zugehörigkeitsgefühl zu entwickeln

× Allerdings haben Boos-Nünning/ Karaskasoglu festgestellt, dass nicht die eindeutige Zuordnung zu einer der beiden Kulturen maßgeblich für die psychische Stabilität ist

→sondern die gelungene Verbindung der beiden Welten (Schmidt-Bernhardt 2007)

3. Konflikt

- × Im Gegensatz zu Migranten anderer Herkunft, die eine positive Beziehung zu ihrer Herkunftskultur aufrecht erhalten können, müssen sich junge Aussiedler als Deutsche beweisen.
  - × Die Abwertung ihrer russischen Sprache und Herkunftskultur erschwert die Integration der Aussiedler.

- × Es kommt noch hinzu, dass zahlreiche jugendliche Spätaussiedler sich nach der Einreise von ihren Eltern vernachlässigt fühlen.
  - × Sie verlieren den Respekt vor den Eltern (weil diese mit den neuen Lebensbedingungen oftmals nicht zurechtkommen).
  - × Dies trägt zu einer frühzeitigen Ablösung vom Elternhaus bei = neue Bezugspersonen werden die Gleichaltrigen.
  - × Die Peer-Group hat bedeutenden Einfluss auf das Probier-Verhalten von Drogen

- × Diverse Faktoren führen, wie bspw. die Vernachlässigung der Eltern und Integrationsschwierigkeiten, führen zur Entwicklung von Risikogruppen.
- × „Diese sind bei Migrantengruppen oftmals der Straßenkultur zuzurechnen die für ausgeprägtes Machotum, Konkurrenz um soziale Anerkennung durch riskantes und provokantes Verhalten, aber auch für Zusammenhalt, einen eigenen Ehrenkodex und eigene Normen sowie deviantes Verhalten stehen." (Zdun 6/2009)

- × Dies gilt natürlich nur für eine bestimmte Gruppe, die sehr gering ist.
- × „Da die Aussiedler jedoch aus verschiedenen Gegenden der ehemaligen Sowjetunion stammen, sind sie unterschiedlichen regionalen sowie kulturellen Einflüssen ausgesetzt. Zudem unterscheiden sich die Sozialisationsformen und Bräuche in den Familien, und diese können sich nach der Migration ganz unterschiedlich entwickeln." (Zdun 6/2009)

Risikogruppe

× Nach den Berichten von Sozialarbeitern fallen v.a. die männlichen Aussiedlerjugendlichen (zum Teil aus niedrigen Sozialschichten)

   × durch Cliquenbildung

   × übermäßigen Alkohol- oder Drogenkonsum

   × durch Vandalismus

   × oder durch tätliche Auseinandersetzung mit einheimischen oder ausländischen Jugendlichen auf.

× Die Herausbildung straßenbezogener „actionorientierter" (Baacke 1999) russischsprachiger Jugendcliquen ist eng mit sozialräumlichen Wohnsituation verbunden.

→ Ein Großteil lebt in „Aussiedlervierteln" oder in Viertel mit hohem Zuwandereranteil

Konsumverhalten

- Die Ergebnisse von Zdun zeigen, dass das vorhandene Konsumverhalten aus dem Herkunftsland in Deutschland bestehen bleibt.
- Die jungen Russlanddeutschen bauten sich in D. einen Freundeskreis auf, der ihre Konsumgewohnheiten teilte.
- Die am häufigsten konsumierten Drogen sind Alkohol und Cannabis.

Ehren- & Männlichkeitsverständnis

- Spätaussiedler aus dem mittelasiatischen Bereich, die eher aus bildungsfernen Familien kommen, haben ein tiefgreifendes Ehren- und Männlichkeitsverständnis.
- Bei den Begriffen Ehre und Männlichkeit (Anerkennung, Respekt, Gewalt) handelt es sich um Faktoren der Identitätskonstruktion von Männern, welche für die jungen Russlanddeutschen äußerst bedeutend sind.

Maskuline Cliquenorientierung

× Zustimmung bei einheimischen Jugendlichen

  × Niedrig = 32 %

  × Mittel = 50 %

  × Hoch   = 18 %

× Zustimmung bei jugendlichen RD

  × Niedrig = 10 %

  × Mittel = 35 %

  × Hoch   = 55 %

× Bei den Aussiedlern herrscht die Meinung vor, dass Nichtverteidigung der persönlichen Ehre gleichbedeutend mit der Akzeptanz der Opferrolle ist

× Aus diesem Grunde besteht die Regelung, dass man in der Straßenkultur selbst seine Konflikte zu regeln hat.

× Hieraus resultiert auch der Ehrenkodex, dass man bei Konflikten seiner Gruppe beiseite steht.

- Bei den Kämpfen bspw. geben die Freunde den Kontrahenten bis zu einem gewissen Grad die Möglichkeit, um ihr eigenes Recht, ihre Männlichkeit und ihre Ehre zu kämpfen.

- Die Freunde gehen erst dazwischen und schlichten oder helfen, wenn der Freund am Boden liegt und Unterstützung benötigt.

- Aufgrund des Ehrenkodex sowie der kulturellen Bedeutung des Schweigens wird die Inanspruchnahme der Polizei bei körperlichen Auseinandersetzungen abgelehnt.

- Die Inanspruchnahme der Polizei erfolgt erst schweren körperlichen Verletzungen

- Bei einem Verhör gilt die Regel, dass man die gesamt Last auf sich zu nehmen hat!

× Durch Ausweichstrategien werden die Ereignisse auch vor den Eltern verheimlicht, da man in der Straßenkultur seine Konflikte selbst zu regeln hat.

× Mit dem heranwachsenden Alter entsteht der Wunsch eine eigene Familie zu gründen.

→ Ist dies erfolgt, verliert die Anwendung von Gewalt an Bedeutung.

Russlanddeutsche und Türken

× → Besonders in Gegenden, in denen viele Aussiedler und Ausländer auf engem Raum leben, verschärft sich diese Problematik.

× Besonderes Spannungsverhältnis zwischen jungen Russlanddeutschen und Türken in Deutschland.

× Gemeinsamkeit = beide Gruppierungen haben oftmals ein ähnlich ausgeprägtes Ehr- und Männlichkeitsverständnis.

× Gründe → vor allem kulturelle und religiöse Differenzen, die bereits in den Herkunftsländern zu Gewaltakten führten (z.B. mit den Turkvölkern in Kasachstan).

× Nach Zdun richten sich die Vorurteile und Abneigungen nicht gegen Türken im Speziellen

→sondern undifferenziert gegen Menschen aus anderem Kulturkreis.

Radikale Gruppierungen lassen nach

× Hierarchien wie in den Herkunftsländern werden abgelehnt

× Jugendliche schließen sich in Gruppen zusammen, in denen ein Mitspracherecht besteht, die den Gangs nicht weisungsgebunden sind und die nicht oder kaum in illegale Geschäfte verwickelt sind.

Vorurteil der zu hohen Kriminalität

× Da viele Russlanddeutsche die dt. Staatsbürgerschaft besitzen, können kaum Rückschlüsse auf die Kriminalitätsformen der Aussiedler gezogen werden.

× Die wenigen vorliegenden Daten zeigen jedoch, dass kein signifikanter Unterschied zwischen einheimischen und russlanddeutschen Jugendlichen vorliegt.

× Die durchschnittliche Kriminalitätsquote liegt sowohl bei den deutschen als auch bei den russlanddeutschen Jugendlichen bei etwa 5%.

× „Wir sind ja gerade mit dem Wunsch gekommen, dass es hier weniger Gewalt gibt. Auch die Jugendlichen, die hin und wieder Schlägereien haben, sehen das so. Es sind nur wenige, die die Gewalt und die Hierarchien hier so haben wollen, wie in den Herkunftsländern."

(Sozialpädagogin in Zdun 2007)

× Roll, H. (2003): Jugendliche Aussiedler sprechen über ihren Alltag. Rekonstruktionen sprachlichen und kulturellen Wissens. München: Ludicium.

× Schmidt-Bernhardt, A. (2007): Jugendliche Aussiedlerinnen. Bildungserfolg im Verborgenen. Marburg: Tectum.

× Vogelsang, W. (2008): Jugendliche Aussiedler. Zwischen Entwurzelung, Ausgrenzung und Integration. München: Juventa.

× Zdun, Steffen (2007): Ablauf, Funktion und Prävention von Gewalt. Eine soziologische Analyse gewalttätiger Verhaltensweisen in Cliquen junger Russlanddeutscher. Frankfurt a. M.: Peter Lang